Vorwort

Die Liebe ist wie eine Bratwurst: heiß gepriesen und kalt genossen. Meistens jedenfalls. Sie, die Liebe wohlweislich, wird leidenschaftlich besungen und episch beschrieben. Dabei ist sie gefährlich, weil sie blind machen kann (alle Blindenhunde waren zuvor passionierte Nachbars Lumpis), bedarf keiner Rechtfertigung, weil sie die arrogante Rechtfertigung schlechthin ist. Vergeht sich jemand in verschmähter Liebe mit einem Patentschäler an seinem Objekt der Begierde, so verhängt das Gericht sogleich mildernde Umschläge. Denn es liegt eine im Zustand der Unzurechnungsfähigkeit begangene Straftat vor. Als Sinnesverwirrung betrachteten im übrigen auch Größen wie Shakespeare die Liebe. Vorsicht ist jedoch geboten: Nicht jeder unberechenbare Chaot handelt aus verschmähter Liebe. Er ist vielleicht einfach verrückt, betrunken oder sonstwie umnebelt und umnachtet.

Man merkt es schon: Eher läßt sich ein Pudding an die Wand nageln als das Phänomen der Liebe eindeutig definieren. Es wird empfunden, ohne

sich beschreiben zu lassen, es ist universal und doch so individuell wie eine Promenadenmischung.
Bei allem Schmus und aller Schmach über dieses Vorstadium zur Idiotie gibt es zum Glück die handfeste Variante – den Sex, der oft einfachheitshalber mit der Liebe gleichgesetzt wird. Wer wird denn gleich mit dem Kondom ins Bett fallen! Bei der körperlichen Liebe muß man die Hosen runter lassen. Leeres Geschwätz dient allenfalls als Auftakt zum Sleep by, etwa um das erotische Opfer davon zu überzeugen, daß man es geistig liebt, um es körperlich zu vernaschen. Dagegen offenbart der Akt – und ein solcher wird es bei dem einen oder anderen Bettamateur unweigerlich – die nackte Wahrheit. Wer jetzt unten nicht hält, was er oben verheißt, sollte die rote Karte gleich selber zücken, und zwar mit einer zwingenden Ausrede, denn leider bleibt der Charme des Versagers ein ureigenes Woody-Allen-Phänomen.
Dieser Ratgeber dient allen Paarungsfreudigen mit der richtigen Ausrede – davor (für das störrische Objekt zum Beispiel), dabei (Herbert kann eben d o c h keiner das Wasser reichen) und danach (wenn man sich plötzlich für eine andere schönste Nebensache der Welt entschieden hat).

Ein Beispiel für die fehlende Ausrede zur rechten Zeit

Offenbar aus Angst, den Liebespartner zu verletzen, also wegen Ausredenmangels in einer sexuellen Zwickmühle, knutschte das Paar Delphine Crha und Eddie Levin ganze siebzehn Tage und neun Stunden lang. Damit stellten sie zwar den Weltrekord im Küssen auf, hätte aber mit der richtigen Sexvermeidungsausrede die Tage effektiver nutzen können. Die beiden hatten das Pech, daß 1984 noch keine Liebesausredensammlung vorlag.

Ausreden »Davor«

Eigentlich könnte alles so einfach sein. Mit einer Frage wie »Willst du mit mir schlafen?« oder der Feststellung »Du bist der letzte Hänger« wäre die Interessenlage eindeutig geklärt. Aber nein, der neurotische, kulturell-antiseptische Mensch von heute tut sich schwer mit seiner dunklen Triebseite. Einerseits will er sich vom schamlosen Straßenköter unterscheiden, der sein Sexobjekt überfallähnlich beim Überqueren einer Straße vor sich her schiebt, andererseits ist auch mensch nur vom Trieb getrieben und unterscheidet sich hier letztlich nur geringfügig von seinen untergeordneten Artgenossen. Bewährte Balzmuster aus dem Tierbereich wie das Ausbreiten des Federkleides oder das Radschlagen in Büro, Disko oder auf einer Fete rufen aber nur allzu häufig Gelächter hervor, denn vom denkenden und wortfähigen Menschen erwartet man mehr: Die Anmache als Teil des Vorspiels soll phantasievoll sein, sie soll eindeutig zweideutig sein, überwältigend, aber diskret, romantisch, aber geil. Und das in unserer mediensatten Zeit –

kein Spruch, der noch nicht gedroschen, kein Ritual, das noch nicht erprobt, kein Erfolgsrezept, das nicht bekannt.
Zum Glück will die Welt betrogen sein, zum Glück hält sich das Mauerblümchen im Rausch seiner Triebe für die Eisprinzessin und der Hänfling für Charles Bronsons Ebenbild. Die »schönen blauen Augen« nimmt sie ihm ab, obwohl sie sich bis dato immer braunäugig wähnte, und er läßt sie seine Muskeln bewundern, die unterm T-Shirt so herrlich (Versteck) spielen.
Für alle, die wollen, und für alle, die nicht wollen, hier nun ein harter Einstieg für eine gummiweiche Landung.

Jetzt habe ich endlich meine eigene Sexualität gefunden: Nicht davor, nicht danach, sondern statt dessen.

Auch die Sexualität ist ein geistiges Anliegen und allemal lustiger als Briefmarkenangucken.

Fast wärst du vollkommen – schön und intelligent, wie du bist. Aber kannst du auch zärtlich sein?

Hab' Bock auf Liegestütze. Spielst du meine Unterlage?

Entschuldige meine verbalen Verrenkungen, aber Körpersprache wäre mir hier echt peinlich.

Bei der Vorstellung, daß mein Mannequinfigürchen mit Ihrem Astralkörper kopuliert, verliere ich den Verstand.

Geile Technik.
Geht das auch
im Schritt-
tempo?

Du kannst ruhig bei mir übernachten. Jede Annäherung von mir wäre rein zufällig und unbeabsichtigt.

(Für Nichtblondinen) *Sie stehen auf Blondinen, Blondinen stehen auf mich, ich stehe auf Sie – da können Sie sich doch gleich an mich halten.*

Mein Bäcker hat die knusprigsten Brötchen der Stadt. Wollen wir uns nicht die Nacht gemeinsam darauf freuen?

Ich suche noch ein Aktmodell. Sollen wir vor oder nach dem Akt?

Für eine Erektion ist meine Wohnung zu klein. Kannst du mir helfen?

Komm, wir spielen Schneller Brüter: verschmelzen und aktiv sein und danach strahlen.

Ich habe mich lange genug rausgehalten. Will mich mal wieder komplett einbringen.

Darf ich deine Seele lieben?

Ich bin hundertprozentig treu und lasse mich von keinem/r noch so tollen Mann/Frau verführen. Wer es schafft, bekommt 'ne Wundertüte.

Es gibt Menschen, die wissen nicht, wohin mit ihren Energien. Ich wüßte da ein lauschiges Örtchen.

Mögen Sie Ihr Frühstücksei lieber hart oder weich?

Allein bin ich nur halb so wild. Du machst mich g a n z wild.

Die Stellungen, die ich drauf habe, sind alle nur für zwei gedacht.

Sie sollten einmal meine (mit Wasser) eingelassene Badewanne sehen.

Haben Sie nicht Lust, meine Federkerne zu strapazieren?

(Liebe davor:)

Rapunzel, Rapunzel, laß dein Kleid herunter.

Kennst du dich zufällig mit Dunkelkammern aus? Ich weiß nie, was ich machen soll, wenn das Licht aus ist.

Mein Chow-Chow vermißt schmerzlich ein Frauchen.

Ich glaub', ich habe zu viele Liebesperlen geschluckt. Sonst bin ich eigentlich nie so zudringlich.

Als Medizinerin weiß ich inzwischen theoretisch alles, aber mir fehlt noch die Praxis.

Wenn ich als Jungmann in die Ehe gehe, mache ich mich doch nur lächerlich.

Auf meinen Hauswirt wirkt es seriöser, wenn ich gelegentlich auch mal mit einem Mann aufkreuze.

Mein Mann braucht ’ne Therapie. Er traut mir keinen anderen zu.

Habe mir versehentlich ein Bett in Überbreite gekauft. Fühle mich darin schrecklich verloren.

Seit mich meine Siamkatze verlassen hat, bekomme ich im Bett regelmäßig Schüttelfrost.

Würden Sie eine Dame wie mich nach Hause begleiten? Dafür bringe ich Sie auch morgen früh mit meiner Limousine weg.

Es muß ja nicht immer auf das eine hinauslaufen. Ich lasse genügend Zeit für eine Revanche.

Nur, wenn Sie nicht scharf auf meine Million sind.

Ich gehöre nicht zu denen, die gleich an Heirat denken, aber direkt danach wäre sie doch einen Gedanken wert.

Wie wär's mit einem flotten Dreier? Cunnilingus und Fellatio sind auch schon da.

Hab schon mal ein Doppelzimmer gebucht, bevor es nachher ganz eilig wird.

Meine Freundin hat mich vor die Tür gesetzt. Kann ich bei Ihnen für eine Nacht Einschlupf begehren?

Wenn mein Klappbett nicht schwer genug ist, klappt es zu.

Hatte erst dreizehn Männer, bin aber abergläubisch.

Du könntest die Kuhle in meiner Matratze ausfüllen.

Sollen wir uns nicht bei mir zu Hause weiterunterhalten? Da ist auch nichts mehr im Wege.

Sie können gern bei mir oben im Etagenbett übernachten. Ich hol mir gern einen runter.

Seit ich meine Unschuld verloren habe, bin ich auf der ewigen Suche.

Ich bin nachtblind. Wenn du bis zum Tagesanbruch bleiben würdest, könnte ich dich besser in Augenschein nehmen.

In meiner Zwölfzimmerwohnung wäre es reiner Zufall, wenn wir uns in einem der Schlafräume wiederträfen.

Wenn du mein Mann wärst, würde ich sagen: »Ich bin stockschwul.«

Einen Kater im Bett kann man besser zu zweit verscheuchen.

Du hast mich derart in Ekstase versetzt, daß ich gar nicht mitbekommen habe, daß du schon fertig warst.

Kannst du mal testen, ob ich schnarche?

Ich bin von der Natur gut ausgestattet – packen wir's an!

Ich bin stockschwul, mach' mich nicht an.

So wie dich stelle ich mir meinen ersten Mann vor.

Du mußt ja nicht dein Letztes geben. Das Kranzgeld könnte ich sowieso nicht aufbringen.

Eines kann ich dir verraten: Du bist kerngesund, denn gesund ist, was hart macht.

Wo Liebe ist, ist auch ein Bett.

Ich möchte ja viel lieber deinen Geist und deine Seele lieben, aber die sind ja noch dicker angezogen.

Ich gehe grundsätzlich nur mit Leuten ins Bett, deren Namen ich wenigstens kenne. Übrigens, ich bin die Beatrix.

Keine Bange, ich lebe wie ein/e Mönch/Nonne – zumindest zwischendurch.

Mach mich nicht an, bin Masochist.

Es gibt so wenige Höhepunkte in meinem Leben. Du solltest mir zu einem weiteren verhelfen.

Jetzt, wo Sie neben mir sitzen, fällt mir wieder das Gebot von der Nächstenliebe ein.

Mit Ihnen würde ich lieber d a n a c h reden als davor.

Ich denke nicht einmal ans Bett. Mein Flokati tät' es auch.

Ich bin keine Frau für eine Nacht. Zum Morgengrauen bin ich immer wieder bei meinem Mann.

Nichts gegen deine Garderobe, aber ausgezogen wirkst du bestimmt anziehender.

Wir können ja bei mir zu Hause »Hüpf, mein Hütchen« spielen. Ob davor oder danach, überlasse ich dir.

Bevor wir starten: Kannst du von deinem Bafög überhaupt Alimente löhnen?

Du gehst mir total unter die Haut, aber a u f ihr würde es mir auch schon genügen.

Schatzi, bring mein Bett zum Quietschen.

Daß Intelligenz säuft, hast du mir bereits gezeigt. Kann sie auch noch was anderes?

Du bist der Star in meinem Auge, der Zucker in meinem Blut, das Fett in meiner Leber, das Schmalz in meinem Ohr . . .

Weißt du, ich habe nichts gegen Safer Sex, aber den Keuschheitsgürtel finde ich sehr hinderlich.

Ich weiß, du hast Kopfschmerzen, aber vielleicht geht es dir untenherum besser.

Du bist die Therapie gegen meinen unausgeglichenen Hormonhaushalt.

Kennst du ’ne amüsante Art, um meine Phimose zu beheben?

Wenn wir es gleich treiben, können wir uns vier Stunden unsinniges Geplänkel sparen.

Die Körperlichkeit hat bei mir nur einen geringen Stellenwert. Fangen wir mit den Kleinigkeiten an!

Stundenlang auf den Eiern sitzen - was hat'n das mit vögeln zu tun?

Ich sehe nicht ein, warum krankengymnastische Übungen nicht unterhaltsam verpackt sein können.

Ich möchte wirklich nur auf Nummer Sicher gehen, was mein neues Wasserbett betrifft. Du hast doch bestimmt den Rettungsschwimmer.

Jetzt war ich so lange enthaltsam, da klappt bei mir sowieso nichts mehr.

Gehen wir zu mir oder zu dir? Ich meine, bevor wir eine gemeinsame Bude beziehen.

Mein Cappuccinoautomat ist für zwei Tassen gedacht, und so ein Ding lohnt sich nur, wenn es ausgelastet ist.

Hab' 'ne tolle Stellung für dich.

I könnt' di' woas zoag'n, da legst di' nieder.

So wie dich stelle ich mir den Mann vor, der mir meine Jungfernschaft nimmt.

Normalerweise würde ich mit dir eine Runde Tretboot fahren, dann zwei Kinokarten organisieren und anschließend mit dir groß essen gehen. Ich finde, das kann man billiger und schneller haben.

Mir ist lieber, du liegst auf mir als auf mich zu stehen.

Mein Bedarf an Nieten ist gedeckt. Willst du mein Notnagel sein?

Ich würde ja gerne anfangen, aber bei dir weiß ich nicht, wo oben und unten ist.

Bevor wir unsere Unterhaltung mit abschweifenden Gedanken an das eine überlagern, sollten wir zunächst die Störfaktoren abbauen.

Den möchte ich sehen, der mich gleich am ersten Abend herumkriegt.

Nun schleichen wir schon seit zwei Tagen um einander herum. Bevor wir heiße Pfoten kriegen...

Meine Wohnung ist grundsätzlich auf zwei eingestellt – vom Doppelstecker, über den Zwieback bis zur Stereoanlage. Was soll ich also allein zu Hause?

Ich schenke die Rosen lieber nachher. Muß erst wissen, ob sich die Investition lohnt.

AUSREDEN »DABEI«

Eigentlich sollte sich der Kommentar zu dieser Situation erübrigen, denn der echte Liebesrausch läßt keine Konversation zu, schließt den Verstand aus. Zumindest sollte er das. Das traurige Ergebnis der heutigen Sexualneurotiker nimmt sich jedoch weitaus komplizierter aus: Da werden Berührungsstrategien ausgetauscht, Handreichungen verlesen, traumatische Erlebnisse aufgearbeitet, und das alles nur als Vertuschungsversuch für die enttäuschende Zweisamkeit, die doch im wahrsten Sinne des Wortes als Höhepunkt geplant war.
Der Idealfall, daß er und sie im stummen Einvernehmen sinnesgetränkt auf derselben Woge der Leidenschaft besagtem Höhepunkt entgegentaumeln, scheint allenfalls den Groschenheftopern vorbehalten zu sein. Dennoch hält der vom Intellekt Verdorbene beharrlich an der Utopie der Verschmelzung zweier Körper unter Ausschaltung des Kopfes fest. So stülpt der moderne Mensch seinem verdutzten Liebespartner

etwa einen Sack über den Kopf oder stopft sich vorher mit Drogen zu.

Wenn es also nicht so atavistisch zugeht wie in den Träumen, wenn er/sie mehr will, als der Körper – oder doch die Seele? – geben kann, oder wenn es mit Detlef einfach doch schöner war, wenn der Höhepunkt zu tief oder der Tiefpunkt zu hoch gewesen ist, dann sollte man/frau die restliche Zweisamkeit nicht mit Psychoanalysen killen, sondern sie im aberwitzigen Glauben an die irgendwann wiederkehrende Unverfälschtheit körperlicher Selbstvergessenheit mit der richtigen Ausrede retten.

Eins steht fest – sicherer ist das!

Zum Schänden bist du mir zu schön.

Tut mir leid, aber ich habe soeben meine Homosexualität entdeckt.

Daß es auf einmal nicht mehr klappt, liegt bestimmt daran, daß du mich latent an meine Mutter erinnerst, und den Ödipalen find' ich öde.

Bei starken Frauen werde ich schwach.

War ein Mißverständnis. Bei deiner Leidensmiene im Lokal hatte ich auf Masochistin getippt.

Mein viertes Kind möchte ich von dir.

Wenn du etwas beschleunigst, kommen wir zusammen.

Am liebsten mag ich es bei Kerzenschein. Zu dumm, daß die Dinger ausgegangen sind.

So reizvoll das ist, daß ich deine erste Frau bin, so frage ich mich nun doch warum.

Vielleicht haben wir ja einfach eine unterschiedliche Vorstellung von »Höhepunkt«.

Du hast zwar eine ausgereifte Technik, mir liegt jedoch mehr das Spielerische.

Nicht, daß ich genommen werden will, aber zumindest doch wahrgenommen.

Man merkt dir deine Vorliebe für Computer an. Gibt es nicht mehr auf deinem Menü?

Brauchst du erst eine Zündkerze, oder reicht dir mein bloßer Anblick nicht?

Gleich komme ich, kommst du noch mit?

Es heißt ja immer »Der Appetit kommt beim Essen«. Hast du was Leckeres da?

Bin heute mental nicht drauf.

Erst sagst du, du seist scharf auf mich, nun sei auch scharf auf mir.

Du sagtest was von Vögeln. Wo sind denn die lieben Viecherchen?

Werde das Gefühl nicht los, daß ich nur eine Nummer auf deiner Logarithmentafel bin.

Wo ich gerade die Lampe über mir sehe, fällt mir ein, daß ich mal wieder Staub putzen könnte.

Mein Vibrator hat keine Batterien mehr, und ohne komme ich nicht in Fahrt.

Entschuldige meine Passivität, aber ich hatte gehofft, du bist eine Domina.

Entschuldige meinen Egotrip, aber mein letzter Lover spielte gern den Sklaven.

Fang schon mal an, ich stoß' dann hinzu.

Ich bin kein Terminal, sondern eine Frau!

Zwei Höhepunkte gleichzeitig kann sowieso niemand verkraften.

Ich probe noch die Enthaltsamkeit.

Nein, ich gehöre nicht zu der Sorte, die gleich ans Bett denkt. Die schönsten Nummern fanden auf meinem Berber statt.

(Liebe dabei:)

Ich habe ein verdächtiges Geräusch in deinem Schrank gehört. Bist du sicher, daß ich für heute dein einziger bin?

Die Liebe mit dir habe ich mir irgendwie lyrischer vorgestellt – zumindest wie einen Schüttelreim.

Ich befürchte, mein Raucherhusten kommt wieder hoch.

Das Warten ist doch das Schönste am Akt.

Ich bekomme Genickstarre. Hast du das Buch mit den Liebesstellungen auch richtigherum gehalten?

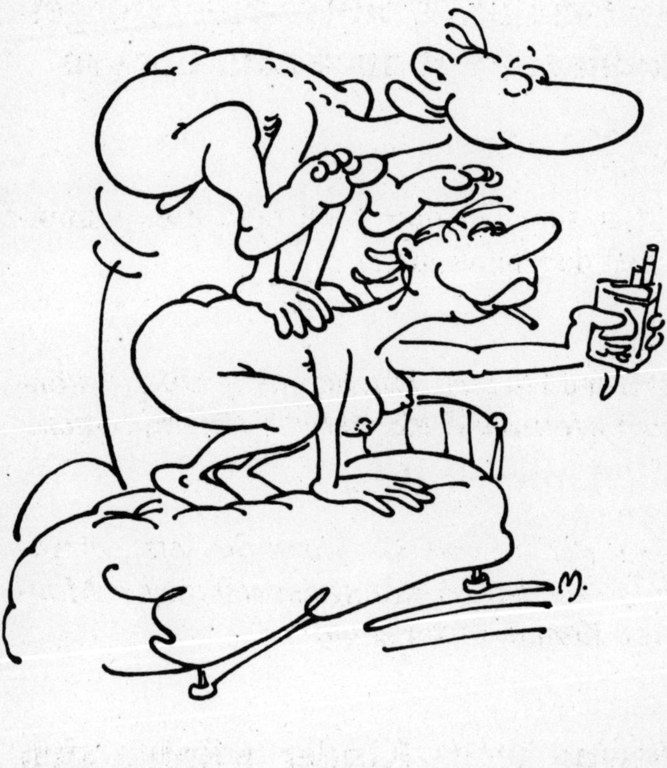

Wenn du deine Anleitung aus der Hand legst, hast du b e i d e Hände frei.

Entschuldige, aber dein Spiegelkabinett reizt mich zum Lachen.

Ist es normal, daß mich dein Zwergkaninchen dabei anknurrt?

Wenn du deinen Taucheranzug ablegst, können wir uns vielleicht etwas näherkommen.

Das war's schon. Du warst das letzte Argument für den Scheidungsanwalt meines Mannes. Komm raus, Harald!

Meine sechs Kinder würden sich freuen, dich einmal kennenzulernen.

Scheiße, die Wirkung meines Potenzmittels läßt nach!

Ich gehe mal eben etwas Luft schnappen – nur wer geht, kann auch kommen.

Wenn das alles gewesen sein soll, dann hätten wir es ja auch am Stehtisch in der Kneipe besorgen können.

Bei deinem Flutlicht überm Bett kommt bei mir keine Romantik auf.

Hast du dich etwa erschrocken? Ich habe nur Verlängerung gepfiffen.

Du könntest dich ja auch mal bewegen. Nekrophilie ist nämlich nicht mein Ding.

Ich bin nicht zu eng, sondern habe meine Strumpfhose noch nicht ausgezogen.

Ich weiß nicht, warum die die ganze Zeit »Jürgen, Liebling« säuselst. Ich bin eine Frau!

Tut mir leid, ich war zu schnell. Habe mir vorgestellt, wir würden es im Rennauto treiben.

Wenn es dich tröstet – bei mir versagt jeder.

Zieh deine Lederkluft aus. Ich bin kein Bock, sondern du ein Ochse.

Zwischen deinem Vor- und Nachspiel muß es einen Schnitt gegeben haben.

Keine ist so zärtlich wie du, aber meinst du, du könntest »ihn« auch etwas motivieren?

Danke, es reicht, wenn meine Frau dein Parfüm auf ihrem Kopfkissen riecht.

Auch mein verstorbener Mann nahm hier sein Ende.

Du hättest doch besser Aufklärungsunterricht am Menschen wahrnehmen sollen. Du hast dir zuviel von den Karnickeln abgeschaut.

Entschuldige, daß ich nebenher an Oskar schreibe, aber ich dachte, bevor die Post abgeht...

Vielleicht hättest du vorher doch nicht so lange kalt duschen sollen.

Ich hab' mich in meinem Sehnen nach dir schon zu sehr aufgezehrt.

An so etwas guck' ich mich nur satt, sonst blättert womöglich der Lack ab.

Kostbares soll man sich bis zum Schluß aufbewahren. Also, vor meiner Letzten Ölung gebe ich Bescheid.

Für den Anfang mag das reichen. Ich wollte dir nur Appetit machen.

Irgendwie irritiert mich der Taschenrechner neben deinem Bett.

Sorry, hab' nur einen Pariser bei mir. Du bist aber auch einmalig.

Ich muß am Anfang immer schon ans Ende denken. Das macht mich völlig fertig.

Ich wünschte, du hättest nur ein bißchen von einem Polizisten: knüppelhart und immer zur Stelle.

(Bei Vaginismus) *Ich halte mich streng an Willy Brandt: Jetzt wächst zusammen, was zusammen gehört.*

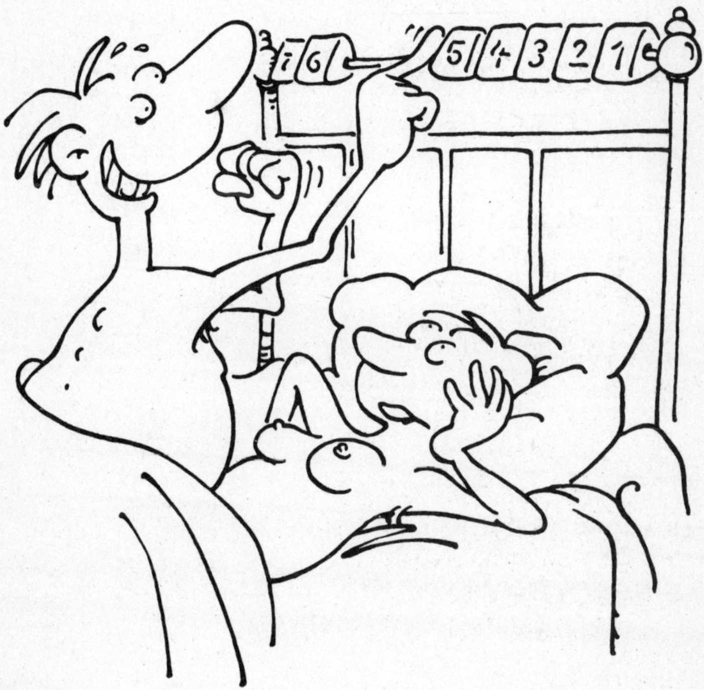
7
6
5
4
3
2
1

Ich fühl' mich irgendwie blockiert. Kann das an deinem Keuschheitsgürtel liegen?

Hast du einen Tip, wie man aus einem Schlappschwanz ein Stehaufmännchen macht?

An so etwas Schönem wie dir will ich mich nur satt sehen, so etwas vernascht man nicht einfach.

Wenn du nicht kommst, geht die Lust.

Bin nicht schwindelfrei. Schaffe den Absprung von der Plateauphase (kurz vorm Orgasmus) *nicht.*

Orgasmen sind out. Hoch lebe die körperlose Liebe.

Wir können ja vorher noch ein Stückchen aus der Bibel lesen, dann kannst du dir alle weiteren frommen Sprüche sparen.

Sagst du bitte Bescheid, wenn du soweit bist? Vielleicht lohnt es sich ja noch für mich, einen Krimi anzufangen.

Was die Chappidosen über meinem Bett bedeuten? ... damit's ein Prachtkerl wird.

Irgendwie bin ich von der Angst befallen, er könnte sich in deiner Spirale verfangen.

Merk dir eines: Für die zwei Minuten habe ich nicht das teure Hotel bezahlt.

Brauchst du erst einen Kompaß, um meine erogenen Zonen zu finden?

Laß mich mal in aller Ruhe überlegen, welches die Stellung 73 war (so lange, bis er/sie eingeschlafen ist).

Emma
Emil

Kaufst du deine Dessous eigentlich im Sanitätshaus?

Ist dein Geschnaufe eigentlich Leidenschaft oder Asthma?

Hör auf zu stöhnen. Ich habe dich ja noch gar nicht berührt.

Hast du auch was für den oralen Sex parat? Ich denke da an ein paar Schokodrops.

Mir kommen die Verrenkungen plötzlich so idiotisch vor.

Hast du mal ein Glas Mineralwasser zum Löschen da? Ich meine, wegen der möglichen Reibungshitze.

Einen Moment – Kollege kommt gleich!

Der Gedanke, du könntest jemand anders begehren, macht mich überall lahm.

Ich finde dich so aufregend, daß es mich ganz verunsichert, daß du gerade mich willst.

Du bist ja ein ganz flotter Hecht: schnell und glitschig.

Entsagung macht geil.

Ich schwöre, du bist wirklich mein erster Mann – zumindest heute abend.

Die Erregungskurve über deinem Bett ist ja ganz anschaulich, aber sie setzt mich irgendwie unter Druck.

Liebling, so könnte ich stundenlang weitermachen, aber ich fürchte um deine Kondition.

Da fällt mir gerade ein: Hast du das Los für die Glücksspirale abgegeben?

Kauf dir endlich mal 'nen CD-Player. Der Sprung in der Platte macht mich ganz nervös.

AUSREDEN »DANACH«

Trotz päpstlicher Beschwörung und Abschreckungskampagnen seitens des Gesundheitsministeriums für jugendgefährdende Spielchen gibt es noch immer die folgende Standardsituation: Da gibt es beim Aufwachen diesen fremden Typ, der so unverschämt selbstverständlich das Bett mit einem teilt. Ein schneller Blick durchs Zimmer nagelt sich auf all die verräterischen Dinge und zerrt schließlich peinliche Erinnerungen ans brutale Licht der Wirklichkeit... schweißfeuchte Nepaltreter – ach ja, da war doch dieser lockere Freak auf Gabis letztem Fest, der noch nach elf Bier und dreizehn Metaxa mühelos »lila Flanelläppchen« über die Zunge bekam, ...dann der legendäre Schluck Kaffee in den Tassen, mit dem man das Lustobjekt in die Wohnung lockte und der dann das Getränk »danach« wurde.

Die Pinzette sowie ein aufgeschlagenes Briefmarkenalbum einerseits, Pariser, Scheidenzäpfchen, Kneifzange und Diaphragma andererseits zeugen von der unmißverständlichen Tatsache, daß man es getrieben hat. Und dazu mit diesem Nichts, das doch zunächst alles versprach!

Drängt sich die einzige Frage auf: Wie wird frau den Hallodri wieder los? Diesen gewissenlosen Schurken, der ihr die Unschuld nahm und sie damit zu der Sorte von Frau degradiert, die jeder liebt, aber keiner heiratet?

Doch auch langjährige, eingelegene Beziehungskisten sind nicht gegen den Frust danach gefeit und bedürfen zuweilen einer Ausrede, wenn etwa der Beischlaf zum Einschlafen oder »er« nicht so gut »drauf« war.

Darf ich Sie auf ein Gläschen ins Kaminzimmer einladen – ich möchte Ihnen mein Anmacheholz zeigen ...
M.

Mit schönen Frauen/Männern kann ich nicht.

Sei nicht traurig, Sex ist nicht alles. Laß uns den Rest genießen.

Ich bin ein Schwein. Ich habe mich nicht genügend auf deine Psyche eingestellt.

Ich kann diese Martina nicht vergessen, oder wie hieß noch gleich dein letztes Abenteuer?

Mit deinem Gesang »Hoch, hoch, er lebe hoch« hast du ihn nur verstört.

Sorry, aber ich konnte mich einfach nicht mehr an meine erotischen Phantasien erinnern.

Hab' mir beim Buckeln den Sehnerv geklemmt.

Ich dachte, Frauen mögen keine Machos, jetzt war ich wohl zu soft.

Ist dir eigentlich aufgefallen, daß du meinen Teddybären geschändet hast?

Ich bin nicht n o c h bei dir, sondern schon wieder. War in der Zwischenzeit Brötchen holen.

Ich will bestimmt nicht den Computern das Wort reden, aber ein bißchen Technik könnte dir auch nicht schaden.

(Liebe danach:)

Sorry, war heute nicht so gut drauf. Die Missionarsstellung liegt mir einfach nicht.

Bist du eigentlich gekommen? Ich war nämlich zwischendurch nicht da.

Ich hätte normalerweise mehr gegeben, aber mich haben die Stimmen in deinem Kleiderschrank etwas irritiert.

Ich muß jetzt leider gehen, denn der Alltag tut keiner Liebe gut.

Wenn du deine Perücke nicht abgenommen hättest, wär' bestimmt eine zweistellige Nummer daraus geworden.

Dein Beo in Ehren, aber ich habe mich von ihm irgendwie verarscht gefühlt.

Ich schau' morgen noch mal rein.

Bin ganz aus der Übung. Liegt sicher an den vielen Videos.

Du hast den falschen Rhythmus geklatscht.

Das Quietschen deiner Matratze hat mich aus dem Takt geworfen.

Wenn man wie ich zuviel um die Ohren hat, fehlt es dann untenherum.

Ich wollte nicht unverschämt werden.

Vielleicht hat mich auch dein Gesieze dabei gestört.

Ich fand's unheimlich toll mit dir. Das nächste Mal schreiten wir aber zur Tat, okay?

Wir passen körperlich einfach nicht zusammen, obwohl eins ins andere passen müßte.

Muß ganz schnell weg, sonst verfalle ich dir noch.

Bevor du mir hörig wirst, habe ich vorsichtshalber nur halblang gemacht.

Die Sache wird noch ein Nachspiel haben.

Ich war leider zu stramm, nur nicht überall.

Na, wenigstens haben wir die Verhüterlis gespart.

Der Kondom war zwei Nummern zu klein.

Ein Anregungsbad wäre vielleicht doch besser gewesen als ein Beruhigungsbad.

Lieber kurz und schmerzlos als lang und qualvoll.

Dein Ehering hat mir ein schlechtes Gewissen gemacht.

Das nächste Mal tut's auch ein Sekundenhotel, das ist billiger.

Mein Bunsenbrenner hat für dein Packeis nicht ausgereicht.

Ging verdammt schnell, ich weiß. Du bist eben noch zu neu und aufregend für mich.

Der Sex hat die ganze Erotik verscheucht.

Mir ist es auch gekommen, aber hoch. Muß an den Fritten gelegen haben.

Vielleicht wäre es stimulierender für mich, wenn du das nächste Mal vorher in deinem Anatomiebuch blätterst.

Wenn ich mal unterstelle, daß ich deine erste Frau war, kann ich eigentlich nicht klagen.

Es ist mir schwer genug gefallen, dich nicht bis zum letzten zu fordern.

Einen Höhepunkt am Tiefpunkt eines Lebens zu erwarten, ist eben ein bißchen viel verlangt.

Tut mir leid, aber bei meinem letzten Freund lagen die erogenen Zonen woanders.

Der Qualm hier ist nicht das Ergebnis deiner Liebesbemühungen, sondern ich habe zwischendurch eine geraucht, falls du das nicht bemerkt haben solltest.

Dich lieben und danach sterben – endlich kapier' ich den Spruch.

Leichen schände ich nicht, sagte die Schlange und ließ vom Ledergürtel ab.

Hatte ganz vergessen, daß ich enthaltsam sein soll. Das gibt Power für das nächste (Skat-)Turnier.

Das war erst der Anfang. Freu dich schon mal aufs Ende.

Wenn's am schönsten ist, soll man aufhören.

Hatte ja keine Ahnung, daß du so eine Ausdauer hast (sexmaniac bist).

Vielleicht kümmerst du dich schon mal um die Frühstückseier, oder brauchst du auch für die eine Bedienungsanleitung?

Sei nicht böse, daß es nicht geklappt hat, aber bei Videos schlaf' ich immer ein.

Dich trifft sicherlich keine Schuld, sondern dein Leonard Cohen hat mich so schläfrig gemacht.

Sorry, war ein Reinfall. Ich wollte Gabi (Micha) vergessen, aber du fühlst dich genauso an wie sie (er).

Tut mir leid, mußte an meinen Verflossenen denken. Der hätte mich mehr fordern müssen.

Du kannst mir mal für mein Abendessen drei Eigelb vom Eiweiß trennen, dann habe ich wenigstens etwas von dir profitiert.

Bei dir kann ich mich so richtig hängenlassen. Hoffentlich hattest du auch was davon.

Es ist dir nur so kurz vorgekommen, so wie einem jedes Vergnügen zu kurz erscheint.

Ich hätte noch stundenlang weitermachen können, aber mich hätte dein Schnarchen gestört.

Du hast mein Angebot, miteinander zu schlafen, zu wörtlich genommen.

Ich habe für den Ohren- und Gaumenschmaus gesorgt. Fühlst du dich denn kein bißchen verpflichtet?

Albert war nicht besser, aber härter.

Ich finde deine Dessous zu wenig anziehend.

Was kann ich dafür, wenn du mich wegen meiner Vorliebe für Leder für einen Pferdefreund hältst?

Ohne meine Gummistiefel komme ich einfach nicht zum Höhepunkt.

Das ist mir jetzt klar geworden: Ich kann dich eher hinnehmen als mich hingeben.

Ich mag keine Leute, die sich hingeben. Bitte etwas mehr Selbstachtung.

Seit meiner Erfahrung mit dir halte ich es lieber mit der Nächstenliebe. Mal sehen, wer mir als nächstes über den Weg läuft.

Meinst du, du kommst noch einmal, oder soll ich uns schon mal ein Täßchen Kaffee servieren?

Wir sollten zu anderen Sexualpraktiken übergehen. Dieses Gezappel paßt gar nicht zu aufgeklärten Menschen wie uns.

Wenn ich nicht dein Gemurmel dabei als Langeweile ausgelegt hätte, hätte ich mich viel besser gehenlassen können.

Habe nicht alles rausgelassen, wollte ja, daß du mich noch einmal besuchst.

Von Gratisproben kannst du nicht viel verlangen. Die nächste Nummer hat ihren Preis.

Irgendwie sind zwischenzeitlich unsere Amplituden verrutscht.

Ist nur eine Sache des Trainings. Wann machen wir die nächste Fitneßübung?

Du hast mich so verlegen gemacht, daß mir das ganze Blut in den Kopf geschossen ist.

Junge, du kriegst ihn bestimmt einmal zum Stehen, und wenn du dich auf den Kopf stellst.

Nimm's nicht so tragisch. An deiner Stelle würde ich mich auch eingeschüchtert fühlen.

Die Pleite zeugt nur von meiner Unerfahrenheit.

Ich hätte dir ja auch was vormachen können, aber selbst dazu fühlte ich mich nicht animiert.

Ich habe dir doch gleich gesagt, ich wollte nur eine Tasse Kaffee bei dir trinken.

Wieso ich dabei immer »tilt!« gerufen habe? Du hast mich bedient wie ein Flippergerät.

Ich hatte ja keine Ahnung, wieviel ich dir zumuten kann.

Dich trifft keine Schuld, es lag an (auf) mir.

Ich wollte dich schonen, so wie du gejammert hast.

Ich mag steigerungsfähige Sachen.

Du warst echt gut – für dich allein gesehen.

Wenn das gewesen sein soll, wovon alle Welt spricht, dann erklär' ich ab heute wieder Halma zu meinem Lieblingsspiel.

Ich will nicht behaupten, daß es an dir gelegen hat, aber vielleicht solltest du besser dein langes Nachspiel zum Vorspiel machen.

So sehen die echt einmaligen Taschenbücher aus

So sehen die echt einmaligen Taschenbücher aus

Ulla Renner

The Afterlast English Letters

Die hinterletzten Englisch-Briefe

Eichborn

Golluch/Kochan

Das fröhliche Männer HasserBuch

Eichborn

Golluch/Kochan

Das fröhliche Frauen HasserBuch

Eichborn

Golluch/Kochan

Das fröhliche Kinder HasserBuch

Eichborn